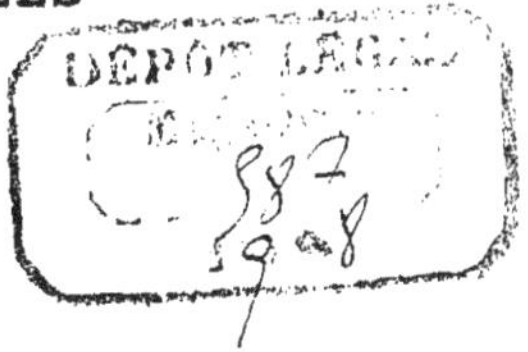

ÉDITIONS DES LOIS NOUVELLES

EMILE SCHAFFHAUSER, DIRECTEUR

DE

L'INFLUENCE DU MARIAGE

SUR LA NATIONALITÉ

DANS LE DERNIER ÉTAT

DE LA JURISPRUDENCE ET DE LA PRATIQUE ADMINISTRATIVE

PAR

RAYMOND HUBERT

Avocat à Nice.

PARIS

Aux Bureaux des LOIS NOUVELLES

9, Rue Bleue, 9

1908

RÉDACTION ET ADMINISTRATION

9, Rue Bleue, 9, Paris

LES

LOIS NOUVELLES

Revue de Législation et de Jurisprudence

ET

REVUE DES TRAVAUX LÉGISLATIFS

Paraissant le 1er et le 15 de chaque mois.

RÉDACTEUR EN CHEF : **EMILE SCHAFFHAUSER**
DOCTEUR EN DROIT

Chaque Numéro comprend 64 pages

Les *LOIS NOUVELLES* comprennent quatre parties formant des fascicules séparés, chacun avec pagination spéciale.

La 1re PARTIE, intitulée REVUE DE LEGISLATION, comprend le commentaire de toutes les Lois Nouvelles présentant un intérêt général.

La 2e PARTIE, intitulée REVUE DES TRAVAUX LEGISLATIFS, comprend l'exposé des projets de loi et des rapports déposés à leur occasion *et en outre un tableau des travaux législatifs dans les deux Chambres.*

La 3e PARTIE, intitulée LOIS ET DÉCRETS, renferme non seulement tous les textes d'intérêt général, mais encore les circulaires ministérielles relatives à leur application, et se trouve être ainsi LE SUPPLEMENT LE PLUS COMPLET DE TOUS LES CODES.

La 4e PARTIE, intitulée REVUE DE JURISPRUDENCE, enregistre toutes les décisions judiciaires relatives aux nouveaux textes législatifs et complète ainsi la 1re partie.

Les commentaires publiés par les *LOIS NOUVELLES* comprennent l'exposé de la législation et de la jurisprudence antérieures à la nouvelle loi, l'exposé des travaux législatifs, et enfin l'examen critique de toutes les difficultés auxquelles pourra donner lieu l'interprétation de la loi.

Abonnement annuel : Paris et départements : 15 fr.
Etranger : 18 fr.

DE L'INFLUENCE DU MARIAGE

SUR LA NATIONALITÉ

DANS LE DERNIER ÉTAT DE LA JURISPRUDENCE
ET DE LA PRATIQUE ADMINISTRATIVE

ÉDITIONS DES LOIS NOUVELLES

EMILE SCHAFFHAUSER, DIRECTEUR

DE

L'INFLUENCE DU MARIAGE

SUR LA NATIONALITÉ

DANS LE DERNIER ÉTAT

DE LA JURISPRUDENCE ET DE LA PRATIQUE ADMINISTRATIVE

PAR

RAYMOND HUBERT

Avocat à Nice.

PARIS

Aux Bureaux des LOIS NOUVELLES

9, *Rue Bleue*, 9

1908

DE L'INFLUENCE DU MARIAGE

SUR LA NATIONALITÉ

DANS LE DERNIER ÉTAT DE LA JURISPRUDENCE

ET DE LA PRATIQUE ADMINISTRATIVE.

AFFAIRE SQUILLARIO.

**Analyse critique de la dépêche ministérielle du 12 juin 1906
et de l'arrêt de la Cour d'Aix du 19 décembre 1907.**

1. — Le problème de l'influence du mariage sur la nationalité ne s'est jamais posé en pratique d'une manière aussi nette et aussi complète que dans l'affaire Squillario.

Un exposé sommaire des faits de la cause s'impose tout d'abord.

2. — La dame Martinelli Marie-Pauline, née à Grasse, de parents étrangers, le 16 mars 1874, épousa à la date du 29 novembre 1890, en cours de minorité par conséquent, un Italien, le sieur Squillario. Au jour de sa majorité, elle était domiciliée à Nice avec son mari. Elle accoucha ensuite à Lausanne, en Suisse, le 26 juin 1893, d'un enfant mâle, Squillario Paul-Jules, dont la nationalité a fait précisément l'objet du procès.

D'autre part, il a été acquis aux débats que la dame Squillario n'avait pas exercé le droit de répudiation prévu par l'article 8 § 4 *in fine* du Code civil.

Cette répudiation, sans influence du reste sur sa nationalité actuelle, n'aurait pu avoir d'autre effet que de lui enlever rétroactivement la qualité de française pour la période comprise entre sa naissance et son mariage, et de rendre ainsi son fils inhabile à se réclamer de l'article 10 du Code civil, comme fils d'une ancienne Française.

3. — Par déclaration souscrite le 26 avril 1906, devant M. le juge de paix du canton est de Nice, le sieur Squillario revendiqua le bénéfice de l'article 10 du Code civil, au nom de son fils mineur, ci-dessus prénommé, motif pris de ce que sa mère, devenue rétroactivement française de naissance, en vertu de l'article 8 § 4 du Code civil, avait ensuite perdu sa nationalité d'origine aux termes de l'article 19 par son mariage avec un étranger.

4. — Nous entrons maintenant dans le vif du débat : La Chancellerie refusa l'enregistrement de cette déclaration par la dépêche dont la teneur suit.

<table>
<tr><td>

MINISTÈRE

DE LA

JUSTICE

———

*Direction
des affaires civiles
et du Sceau*

Bureau du Sceau

———

N° 1340×06

</td><td>

RÉPUBLIQUE FRANÇAISE

———

Paris, le 12 juin 1906.

*Le Président du Conseil, Ministre de la Justice,
à M. le Procureur de la République, à Nice.*

</td></tr>
</table>

5. — Vous m'avez transmis le 27 avril 1906, les deux exemplaires d'une déclaration, souscrite la veille en vertu de l'article 10 du Code civil, devant le juge de paix du canton est de Nice, par le sieur Squillario (Jules-Pierre-Joseph), né le 30 janvier 1863 à Piatto (Italie), demeurant à Nice, 7, rue des Serruriers, en vue d'assurer la qualité de Français à son fils Paul-Jules, né le 26 juin 1899, à Lausanne (Suisse).

Pour effectuer cette déclaration, le sieur Squillario, s'est appuyé sur ce fait, que sa femme Martinelli Pauline, née à Grasse (Alpes-Maritimes), le 16 mars 1874, de parents nés tous deux en Italie est, bien qu'elle fût alors mariée, devenue française de *plano* en vertu de l'article 8 § 4 du Code civil, puisqu'elle était domiciliée en France à l'époque de sa majorité, d'où il suit qu'étant donné le caractère rétroactif attribué à l'acquisition de la nationalité française par application de l'article 8 § 4 du Code civil, il y a lieu de la considérer comme ayant perdu la qualité de française par son mariage.

Je ne saurais admettre cette opinion, et j'ai refusé l'enregistrement de la déclaration souscrite par le sieur Squillario au nom de son fils mineur.

Il ne paraît pas douteux que le législateur a voulu que la nationalité de la femme fût fixée irrévocablement par le mariage, et qu'elle ne pût être modifiée dans l'avenir que par une manifestation de sa volonté et avec l'autorisation de son mari. Les termes impératifs dont se sert le législateur dans les articles 12 et 19 du Code civil ne semblent pas permettre une opinion contraire.

La femme en se mariant avec un étranger est devenue pleinement étrangère ; elle a de cette façon effacé pour ainsi dire l'effet de sa naissance en France, elle a tacitement renoncé à se prévaloir du bénéfice de l'article 8 § 4 du Code civil.

S'il en était autrement, non seulement l'unité de statut se trouverait rompue malgré la volonté des conjoints, mais il pourrait se faire, soit que la femme se trouve obligée de conserver malgré elle la nationalité française, si son mari refusait de l'autoriser à souscrire une déclaration de répudiation, soit que la femme conserve malgré son mari la nationalité française, au cas où en vue de se ménager certains avantages elle refuserait de la répudier. (Voir en ce sens Gérardin, de l'acquisition de la qualité de français par voie de déclaration. — Thèse de doctorat, Paris, page 97.)

On a dit, il est vrai, que la femme pouvait voir sa nationalité modifiée au cours du mariage, par exemple en cas d'annexion, et l'on a rappelé que la femme née en Alsace-Lorraine avant 1870 et mariée avant cette époque à un Français avait perdu la qualité de française par suite du traité de Francfort. Cet exemple ne saurait à mon sens infirmer l'opinion ci-dessus, car on comprend qu'en cas de défaite, le vaincu soit obligé de subir les exigences du vainqueur, et d'admettre les dérogations qu'il impose à certaines dispositions de sa loi nationale.

Je vous prie de vouloir bien inviter M. le juge de paix à faire connaître au sieur Squillario, en lui remettant contre récépissé descriptif les pièces ci-jointes, que j'ai refusé l'enregistrement de sa déclaration, et à dresser de cette notification un procès-verbal qu'il me transmettra sans retard par votre intermédiaire, conformément aux prescriptions de ma circulaire du 28 août 1893 (p. 5).

M. le juge de paix du canton est de Nice ne devra en outre pas laisser ignorer au sieur Squillario, que s'il n'accepte pas cette décision, il lui appartient de s'adresser aux tribunaux en la forme prescrite par les articles 855 et suivants du Code de procédure civile.

Au cas où cette éventualité se réaliserait, je vous serais obligé de m'en aviser immédiatement et de déposer des conclusions écrites, non seulement dans le sens ci-dessus indiqué, mais encore, tendant à faire déclarer par le tribunal, qu'au cas où il déciderait que la femme née en France de parents nés à l'étranger, mariée mineure à un étranger et domiciliée en France devient Française en vertu de l'article 8, § 4 du Code civil, la déclaration effectuée au nom de son fils par le sieur Squillario n'en est pas moins nulle, l'acquisition de la qualité de français en vertu de l'article 8 § 4 du Code civil n'ayant pas d'effet rétroactif, et la dame Squillario ne pouvant par suite être considérée comme ayant perdu la qualité de française par son mariage.

En effet le domicile dont il est parlé dans l'article 8 § 4 n'est pas une condition proprement dite, c'est un élément d'existence de naturalisation, tout comme le décret dans la naturalisation ordinaire ou la déclaration dans les autres cas de naturalisation de faveur ; il s'en suit que lorsque cet élément se rencontre, la naturalisation est acquise à l'étranger, mais sans qu'il puisse se prétendre français rétroactivement. D'ailleurs, on ne peut aller contre l'évidence des faits, l'individu dont s'agit a été étranger pendant toute sa minorité, on ne peut faire qu'il ait été français.

Voir en ce sens Huc, t. 1, n° 294. — Lesueur et Drayfus, page 164. — Campistron, n° 145, — Rouard de Card, page 163. — Géouffre de la Pradelle, page 298. — Gruffy, *Journal de droit international privé*, 1891, page 480, et thèse du doctorat, pages 130 et 131. — Gérardin, thèse de doctorat précitée. — Cluzel, De la nationalité des enfants mineurs d'étrangers dans la législation française.

Je désire que vous me rendiez compte du résultat de vos diligences dans l'exécution des présentes instructions.

Le Président du Conseil
Le Garde des Sceaux, Ministre de la Justice

Par autorisation
Le Directeur des affaires civiles et du Sceau

(Signé illisiblement).

6. — Sur le libre terrain de la discussion juridique, nous estimons que la thèse ministérielle est entièrement fausse.

La Chancellerie pose en principe la *non rétroactivité* de l'article 8 § 4, alors que par son arrêt du 24 juillet 1849 (D., 1901.1.547), la Cour de cassation a formellement reconnu le caractère conditionnel et par-

tant l'effet rétroactif du texte précité. La Cour suprême n'a fait du
reste que se conformer sur ce point aux précédents qu'elle avait elle-
même créés, par ses arrêts des 19 juillet 1848 et 29 décembre 1885
(D., 1848.1.133 et 1886.1.369) (1), et consacrer en la matière l'opinion
des auteurs les plus éminents :(Weiss, *Nationalité*, page 165; Aubry,
Rau et Falcimaigne, *Cours de droit civil*, tome I, § 70, page 363).

7. — La thèse contraire, il faut en convenir, ralliait cependant en doctrine un plus grand nombre de partisans, et devait forcément l'emporter
au sein des bureaux, si les controverses juridiques, y revêtant la forme
d'une discussion parlementaire, s'y tranchent à la majorité des suf-
frages.

8. — Voilà donc déjà sur un point capital, la chancellerie en con-
tradiction avec la Cour suprême, hardiesse dont elle est coutumière (2),

---

1. — Aux termes de la jurisprudence de la Cour de cassation, le Code
civil a entendu maintenir en faveur du fils de l'étranger né en France, l'ancienne règle du *jus soli*, dans la mesure où il n'y a pas formellement dérogé.

En exigeant donc par dérogation à cette ancienne règle que pour conférer notre nationalité au fils de l'étranger, le fait de sa naissance sur le
sol français fût corroboré par une formalité ultérieure, le législateur a
voulu que, cette formalité une fois accomplie, laissât l'ancienne règle
reprendre son empire pour faire de l'intéressé un français de naissance.

La Cour de cassation se prévalait également de l'ancien article 20 du
Code civil; ce texte, en ne comprenant pas l'article 9 dans l'énumération
des cas de naturalisation par le bienfait de la loi auquel il refuse une portée rétroactive, aurait ainsi consacré implicitement la rétroactivité du bienfait de la loi, lui conservant un privilège attaché par notre ancien droit
aux lettres de naturalité (Dalloz, *Nouveau Code civil annoté*, article 20,
n° 2). En conséquence, le législateur de 1889, en enlevant formellement
par le nouvel article 20, son caractère rétroactif à l'article 9, a implicitement consacré pour l'article 8 § 4 l'ancienne fiction de la rétroactivité
qui est toujours restée le droit commun pour le bienfait de la loi, surtout
en faveur du fils de l'étranger né en France. Le domicile prévu par l'article 8 § 4 joue le rôle de la déclaration de l'article 9 ; or, ajoute le
ministre, la déclaration de l'article 9 ne rétroagissant pas, il en doit être
de même des effets que l'article 8 § 4 attache au domicile ; voilà un argument qui se retourne de lui-même contre ceux qui l'invoquent ; la jurisprudence ayant formellement reconnu la rétroactivité de l'ancien article 9
conformément au droit commun, devait forcément, à défaut de dérogation
expresse dans le nouvel article 20, reconnaître à l'article 8 § 4 le même
effet rétroactif qu'elle avait attribué à l'article 9, jusqu'à ce qu'un texte
formel fût venu le lui enlever.

. Indépendamment du reste des précédents en la matière, l'examen intrinsèque du texte même de l'article 8 § 4 militait fortement déjà en faveur
de la rétroactivité ; est français, nous dit ce texte, après avoir énuméré
dans l'intervalle diverses catégories de français de naissance, le fils de
l'étranger né en France et y domicilié à l'époque de sa majorité, il est donc
français au même titre que les autres individus dont la situation vient
d'être réglée, sous réserve d'une condition, qui une fois accomplie n'aura
pour effet que de consacrer définitivement cette assimilation.

2. — Dans une note parue dans la *Revue de droit international privé*
(1908, page 424), nous avons déjà signalé à propos des effets de la natu-

mais qui cependant ne laisse pas que d'être périlleuse en présence

ralisation du père sur la nationalité de l'enfant mineur l'opposition flagrante des théories de la Chancellerie avec celle de la Cour de cassation.

Puisque nous avons l'occasion d'appeler l'attention du lecteur sur ce travail, nous en profitons pour lui signaler un lapsus.

A la page 427, dans la note ligne 1, au lieu de : « la Cour de cassation dans son arrêt du 6 mars 1877 que nous étudions plus loin », il faut lire : « la Cour de Paris dans son arrêt du 13 août 1883 que nous étudions plus loin ».

C'est à la Cour de Paris et non à la Cour de cassation, qu'est imputable l'erreur que nous signalons.

A propos de l'application de l'article 10, la Chancellerie a également rompu en visière avec la doctrine de la Cour de cassation.

Aux termes de la jurisprudence constante de la Cour de cassation, affirmée par de nombreux arrêts, si depuis la promulgation du Code civil, qui a substitué le *jus sanguinis* au *jus soli*, la naissance en France ne suffit plus pour conférer de plein droit la qualité de français à l'individu natif de notre sol, elle suffit du moins pour la faire présumer chez lui jusqu'à preuve contraire (en ce sens, Cass., 16, 18, 23 et 30 mars 1863, D. 1863.1.136 et 137 ; 15 mars 1870, D. 1870.1.173 ; 26 avril 1875, S. 1875.1.375).

Le nouvel article 8 § 2 du Code civil, aux termes duquel « est français tout individu né en France de parents inconnus », n'a fait du reste que consacrer législativement cette solution.

La Chancellerie dénie au contraire toute valeur juridique à cette présomption ; à ses yeux, le fils de l'ancien français qui revendique la qualité de français en vertu de l'article 10 du Code civil, n'établit pas suffisamment l'origine française de son père, en établissant le fait de sa naissance en France, si elle est postérieure à la promulgation du Code civil ; dans ce dernier cas, il doit prouver directement la qualité de français chez son grand-père, son père n'ayant pu l'avoir qu'autant que son auteur la lui aurait transmise *jure sanguinis*.

Le tribunal de Nice, saisi de la question, se rallia naturellement à la thèse de la Cour de cassation, et par jugement en date du 20 février 1900 (Clunet, 1900, page 507), ordonna l'enregistrement d'une déclaration de nationalité souscrite en vertu de l'article 10 par un sieur Barbero, déclaration dont la Chancellerie avait refusé l'enregistrement, pour défaut de production de l'acte de naissance du grand-père paternel de l'intéressé, alors que son père était né en France postérieurement à la promulgation du Code civil.

Voir sur cette question dans cette revue Raymond Hubert : De la preuve de la nationalité en droit français (*Lois nouvelles*, 1902.2.1) et De la filiation et de la nationalité (*Lois nouvelles*, 1904.2.189).

La Chancellerie se rallia tout d'abord à la thèse du tribunal de Nice, en enregistrant de nombreuses déclarations souscrites en vertu de l'article 10, malgré l'absence de production de l'acte de naissance du grand-père paternel, alors que le père du candidat était né en France postérieurement à la promulgation du Code civil.

Puis se ravisant, elle est ensuite revenue à ses anciens errements, sans justifier en rien une évolution aussi arbitraire, et sans vouloir même répondre aux réclamations des intéressés, qui invoquaient les précédents qu'elle avait elle-même créés.

du recours qu'ouvre aux intéressés devant les tribunaux le nouvel article 9 § 2 du Code civil.

9. — De l'aveu même de la Chancellerie, la non rétroactivité de l'article 8 § 4 constituait déjà à l'encontre des prétentions du sieur Squillario une fin de non recevoir absolue.

10. — Si la dame Squillario avait en effet bénéficié sans rétroactivité de l'article 8 § 4, elle serait devenue Française, non pas antérieurement à son mariage, ce qui était la condition de sa dénationalisation ultérieure par le mariage, mais au cours du mariage, et le serait restée. Né à l'étranger d'un père étranger et d'une mère française, le fils Squillario aurait suivi la nationalité de son père, et n'aurait pu, du chef de la nationalité actuelle de sa mère, revendiquer un privilège que la loi réserve formellement à l'enfant de l'ex-française.

11. — Peu importait dès lors au fond du débat, que la dame Squillario eût ou non bénéficié de l'article 8 § 4, puisqu'à supposer qu'elle en eût bénéficié, elle n'en avait bénéficié, en tout cas, que dans des conditions exclusives pour son fils du privilège de l'article 10.

12. — Cependant sur le terrain même de la *non rétroactivité*, et indépendamment dès lors de toute répercussion sur la nationalité du fils, il était encore fort intéressant de se demander si la dame Squillario avait été appelée ou non à bénéficier de l'article 8 § 4 ; cette question en soulevait une autre beaucoup plus générale, dont la première n'était qu'un cas d'application particulier, celle de la capacité de la femme mariée à changer de nationalité au cours du mariage, puisqu'à supposer l'article 8 § 4 applicable à la femme mariée, la *non rétroactivité* de ce texte ne permettait plus d'en reporter les effets à une époque antérieure au mariage.

13. — La Chancellerie n'aborde donc plus que dans un intérêt purement spéculatif l'examen d'un point de droit désormais étranger à la solution du litige ; pour le discuter contradictoirement, il nous faut donc suivre notre adversaire sur le terrain de la *non rétroactivité* de l'article 8 § 4, où il s'est placé, et admettre par une concession provisoire de raisonnement un principe intrinsèquement faux.

14. — Nous allons donc nous demander si, dans l'hypothèse de la *non rétroactivité* de l'article 8 § 4, la femme est encore appelée à en profiter malgré son mariage, ou si elle est déchue par là même du bénéfice de ses dispositions.

15. — Dans le silence de l'article 8 § 4, nous devons rechercher la solution du problème, soit dans les principes généraux qui régissent l'incapacité de la femme mariée, soit dans les dérogations qu'y auraient apportées les textes spéciaux, qui règlent l'influence du mariage sur la nationalité.

Tels sont les deux points que nous allons successivement examiner.

16. — Nous trouvons la formule du droit commun, en ce qui concerne l'incapacité de la femme mariée, dans l'article 217 du Code civil, qui peut être considéré comme le siège de la matière, et aux termes duquel « la femme, même non commune ou séparée de biens, ne peut donner, aliéner, hypothéquer, acquérir à titre gratuit ou onéreux sans le concours du mari dans l'acte, ou son consentement par écrit » (1).

---

1. — Il est à remarquer que les articles 134 et suivants et 1106 du

17. — Sans doute, et tout le monde est aujourd'hui d'accord sur ce point, (Dalloz, *Nouveau code civil annoté*, article 217, n° 2), l'énumération que nous donne l'article 217 du Code civil des actes de la vie civile, dont la validité est subordonnée pour la femme à l'autorisation maritale, est énonciative et non limitative (1), mais elle est suffisamment indicative en ce sens qu'il ne peut s'agir que d'actes de la vie civile à proprement parler, c'est-à-dire de faits juridiques, qui mettent en jeu la volonté de la femme sous une forme expresse ; nous n'en voulons d'autre preuve que la forme même de l'autorisation maritale qui, aux termes de l'article 217, doit être expresse ou résulter du concours du mari dans l'acte. Encore une fois — nous ne saurions trop insister sur un point aussi capital, quitte même à nous répéter, — l'incapacité de la femme mariée est restreinte aux manifestations expresses de sa volonté, si elle s'étend à toutes ces manifestations; l'autorisation mari tale n'étant et ne pouvant être du reste — quand ce ne serait qu'à raison de son mode de manifestation, nous venons de le voir — que le complément de la volonté expresse de la femme, n'a pas à intervenir à où cette volonté n'est pas préalablement intervenue elle-même ; donc pour acquérir ou subir un droit appelé à prendre naissance en dehors de toute manifestation expresse de la volonté de l'intéressé — que ce soit par suite de son inaction ou de la volonté exclusive du législateur — la femme mariée a pleine et entière capacité, elle est affranchie du contrôle marital, et complètement assimilée à une personne *sui juris* ; bref, l'incapacité de la femme mariée n'a d'autre effet que de rendre la femme inapte à manifester expressément sa volonté en dehors de l'autorisation maritale; il ne peut donc plus être question d'incapacité du moment où il s'agit d'un fait juridique, qui ne met plus en jeu la volonté expresse de l'intéressé.

Code civil italien (Voir *Code civil italien* traduit par Prudhomme, Pedone, éditeur, 1896) consacrent, quant à l'influence du mariage sur la capacité de la femme, des principes analogues à ceux de notre droit.

Puisque l'application du statut personnel de la dame Squillario viendrait, dans ces conditions, se confondre avec l'application de la loi française elle-même, vu l'analogie des deux législations, il serait sans intérêt de nous demander si nous sommes dans une matière où il y aurait lieu en principe de tenir compte du statut personnel de l'intéressé. Le législateur nous semble du reste en avoir généralement fait abstraction à propos de la naturalisation.

1. — C'est ce que rappelait récemment encore à la barre de la Cour de cassation, M. l'avocat général Feuilloley dans les termes suivants : « L'article 217 ne mentionne que des actes d'acquisition, d'aliénation ou de disposition, mais *cette énumération n'est pas limitative*, et il est admis par une jurisprudence et une doctrine constantes que la femme ne peut en principe accomplir *aucun acte de la vie civile* sans l'autorisation ou l'assistance de son mari » (*Gazette des tribunaux* du 14 novembre 1907, page 1, colonne 2).

Retenons ces expressions caractéristiques: *la femme ne peut accomplir aucun acte de la vie civile sans l'autorisation de son mari*; qu'est-ce qu'accomplir un acte de la vie civile, sinon manifester expressément sa volonté ? cette formule restreint de plein droit l'incapacité de la femme mariée aux manifestations de sa volonté.

18.—Remarquons que ce n'est là que l'application pure et simple à la femme mariée du droit commun, qui régit la condition de l'incapable. L'infériorité juridique de l'incapable consiste justement à ne pouvoir manifester expressément sa volonté, soit par lui-même, comme le mineur, soit à lui seul, comme la femme mariée ; ce n'est donc que relativement aux faits juridiques qui consistent en une manifestation expresse de la volonté que la condition juridique des incapables peut se différencier de celle des personnes *sui juris*, elle doit s'identifier en présence de droits dont la loi investit les intéressés, en dehors de toute manifestation de volonté de leur part (1).

19. — Nous ne comprenons pas qu'on ait pu objecter que, la dénationalisation de l'article 8 § 4 étant subordonnée au défaut d'option du *de cujus*, et par là même à sa volonté tacite, la femme mariée, étant incapable de manifester seule sa volonté aussi bien expressé-

---

1. — Nous ne sommes, dans les lignes qui précèdent, que l'écho des auteurs les plus autorisés dont nous allons reproduire textuellement le témoignage.

Voici comment s'exprime M. Planiol dans son *Traité élémentaire de droit civil*, 2ᵉ édition, tome III, nº 271, page 88 :

« Obligations nées du fait d'autrui ou de la loi. — Toutes les fois qu'une obligation peut prendre naissance à la charge d'une personne par le fait d'autrui ou bien de plein droit, *d'après la loi et à raison d'une circonstance involontaire de la part de l'obligé, la femme s'en trouvera tenue, s'il y a lieu, sans qu'on ait à s'inquiéter du consentement de son mari*. Telles seraient les obligations nées d'un enrichissement sans cause, acquis par la femme, ou d'une gestion d'affaires entreprise à son profit par un tiers. Le motif est le même que pour les obligations délictuelles, ces obligations naissent indépendamment de la volonté de l'obligé, seulement ici on ne trouve même plus l'acte imputable à la femme qui constitue le délit », et en note, sous le mot gestion d'affaires, on lit : « Il faut supposer que la gestion d'affaires est l'œuvre d'un tiers, et qu'elle a profité à la femme. Si la femme avait joué elle-même le rôle de gérant en s'immisçant dans les affaires d'autrui, elle ne pourrait pas se trouver obligée *sans le consentement de son mari, par cet acte volontaire* de sa part, pas plus que par l'acceptation d'un mandat. »

M. Planiol, dans les lignes qui précèdent, ne fait qu'appliquer à la théorie des obligations ce principe plus général, que l'incapacité de la femme mariée suppose essentiellement de sa part une manifestation de volonté expresse ; aussi n'avons nous fait que donner à la pensée de l'éminent auteur son complément naturel, en posant comme un axiome de droit *que tout droit qui naît au profit ou à l'encontre du « de cujus » indépendamment de sa volonté expresse, naît au profit ou à l'encontre de la femme indépendamment de l'autorisation maritale*.

M. Beaudry de Lacantinerie abonde du reste dans le même sens, *Précis de Droit civil*, 4ᵉ édition, tome I, nº 633, *in fine*, page 381.

« Le principe que la femme ne peut pas s'obliger sans autorisation comporte d'autres exceptions qui ne sont pas écrites dans les textes. On peut les comprendre dans la formule suivante : *La femme peut se trouver valablement obligée sans autorisation toutes les fois qu'il s'agit d'obligations qui prennent naissance indépendamment de la capacité personnelle de l'obligé*. En effet, l'autorisation a pour but de relever la femme de

ment que tacitement, est dès lors déchue de plein droit du bénéfice de l'article 8 § 4, dont l'application exclut forcément l'autorisation maritale (1). Il y a là un oubli complet des principes, les incapables subissent au même titre que les personnes *sui juris*, les conséquences de leur inaction, ou de celle de leurs représentants légaux ; la meilleure preuve, c'est que pour relever les mineurs des déchéances encourues de ce chef en matière de prescription, il a fallu un texte spécial.

20. — Si les principes que nous venons d'exposer doivent trouver ici leur application, si le changement de nationalité de la femme mariée est régi au point de vue de sa capacité par le droit commun, s'il est assimilé sous ce rapport à tout autre fait juridique, il en résulte que dans la mesure où l'article 8 § 4 atteint l'intéressé en dehors de sa volonté expresse, et où son application ne met en jeu sa volonté que sous la forme tacite et négative d'une simple abstention, la femme est appelée à bénéficier de plein droit de ses dispositions au même titre qu'une personne *sui juris*.

La femme mariée subit donc en dehors de toute intervention de son mari, qui n'est même armé d'aucun droit de veto, les conséquences de son défaut d'option, auquel l'article 8 § 4 attache de plein droit la dénationalisation de l'intéressé. Au contraire, comme l'option prévue par l'article précité consiste essentiellement dans une manifestation expresse de volonté, l'exercice de ce droit implique forcément pour la femme mariée la nécessité de l'autorisation maritale.

21. — Reste à savoir maintenant, si en matière de dénationalisation, le législateur a dérogé ou non aux règles de droit commun, qui régissent l'incapacité de la femme mariée, telles que nous venons de les exposer.

22. — Les seuls textes qui aient réglé l'influence du mariage sur la nationalité sont les articles 12 et 19 du Code civil, aux termes desquels la femme étrangère qui épouse un Français devient Française, et réciproquement la femme Française qui épouse un étranger devient étrangère.

23. — Si ces textes devaient s'interpréter en ce sens que la femme doit nécessairement toujours partager la nationalité de son mari (2),

---

son incapacité, donc elle n'est requise en matière d'obligations que dans les cas où l'incapacité est un obstacle à la naissance de l'obligation.

Cette exception s'applique notamment :

1° Aux obligations résultant de la loi ;

2° A celles qui ont pour cause un délit ou un quasi délit commis par la femme ;

3° Aux obligations résultant de cette règle d'équité que nul ne doit s'enrichir aux dépens d'autrui. »

1. — Cette objection est nettement formulée par M. Gérardin dans le passage suivant de son livre *Sur l'acquisition de la qualité de français par voie de déclaration*, page 98 : « Ne peut-on pas dire qu'étant donné que l'article 8 § 4 est basé sur une volonté présumée de la femme, la femme mariée n'est plus capable d'émettre une volonté efficace sans l'autorisation de son mari ? Or il n'est pas facile d'imaginer *sous quelle forme celle-ci peut intervenir.* »

2. — Sous l'empire du Code civil, cette interprétation a trouvé en doctrine de rares partisans, dont M. de Folleville mentionne l'opinion tout

s'ils n'étaient en conséquence qu'un cas d'application de cette règle
générale, il est certain qu'ils édicteraient à l'encontre de la femme
mariée une incapacité spéciale en matière de dénationalisation, et qu'elle
serait forcément exclue de tout mode de dénationalisation qui n'attein-
drait pas en même temps son mari, alors qu'il l'eût atteinte elle-même
si elle fût restée *sui juris;* il est trop évident que dans ces conditions,
elle serait déchue du bénéfice de l'article 8 § 4.

24. — Telle n'est pas l'interprétation qui a prévalu et que la jurisprudence avait déjà consacrée, du reste, avant que le législateur ne
l'eût fait lui-même (1); les articles 12 et 19 du Code civil ont eu exclusivement pour but, tout le monde est aujourd'hui d'accord sur ce

---

en la repoussant (Folleville, *Traité théorique et pratique de la naturalisation,* § 553, page 442); on peut également citer dans le même sens un
arrêt de la Cour de Metz du 25 août 1825 (Dalloz, *Répertoire,* Droits
civils, n° 563, note), et un jugement du tribunal civil de Constantine du
21 juin 1876 (Dalloz, *Répertoire, supplément,* § 326, note).

On ne saurait du reste reconnaître grande autorité à ces décisions iso-
lées. Il convient de remarquer que l'arrêt de la Cour de Metz, en éten-
dant à une femme française d'origine la dénationalisation subie par son
mari à la suite du traité de 1814, s'inspirait peut-être d'une idée de rétroactivité. Quant au jugement du tribunal de Constantine, en affirmant
comme un point de droit au-dessus de toute controverse une thèse aussi
discutable et déjà généralement repoussée, il ne dénote chez ses rédac-
teurs qu'une connaissance déplorablement superficielle de la question.

1. — Folleville, *op. cit.,* § 555 ; Demolombe, tome I, n°ˢ 175 ; Gruffy.
De l'unité de nationalité dans la famille, p. 161 ; Dalloz, *Répertoire de
droit civil,* n° 153, 155 et 157 ; *Supplément,* Droits civils, n° 68 et 302. —
Douai, 17 août 1858, D., 58.2.218 ; Toulouse, 17 juillet 1874, D., 1876.1.7 ;
Chambéry, 27 août 1877, D., 78.2.184 ; Aix, 21 mars 1882, D., 83.2.22.

Le législateur de 1889 semble avoir législativement consacré cette opinion dans le nouvel article 12 du Code civil, en exigeant un décret
spécial de naturalisation, pour que la femme de l'étranger qui se fait
naturaliser français devienne française elle aussi ; il paraît reconnaître
implicitement par là que la femme n'est pas associée de plein droit aux
changements qui se produisent au cours du mariage dans la nationalité
de son mari, et consacrer l'indépendance réciproque des époux durant le
mariage au point de vue de la nationalité.

La meilleure preuve que dès avant la promulgation de la loi du 26 juin
1889, l'on considérait déjà comme faisant partie du *jus incontroversum*
le droit pour la femme d'acquérir une nationalité distincte de celle de
son mari, c'est qu'au cours du fameux procès de la princesse de Beauf-
fremont, qui a mis en jeu toutes les règles de l'influence du mariage sur
la nationalité, la question ne s'est même pas posée (Consulter sur cette
affaire de Folleville, *Traité théorique et pratique de la naturalisation,*
§ 416 et suivants, p. 316 ; Gruffy, *De l'unité de nationalité dans la famille,*
p. 168).

L'on a simplement discuté le point de savoir si l'autorisation maritale
était nécessaire pour habiliter la femme mariée à changer de nationalité,
alors surtout qu'elle était séparée de corps ; question qui ne se poserait
plus du reste aujourd'hui, puisque la loi du 6 février 1893 a rendu à la
femme séparée le plein exercice de sa capacité civile.

point, de conférer à la femme la nationalité du mari au moment même de la célébration du mariage ; ils n'ont prétendu assurer l'unité de nationalité, entre époux qu'à cette seule époque ; ils sont absolument étrangers à la situation ultérieure des conjoints au point de vue de la nationalité, et laissent intacte sous ce rapport leur indépendance réciproque ; loin d'associer de plein droit la femme au changement de nationalité de son mari, ils ne font même pas obstacle à ce qu'elle acquière elle-même une nationalité distincte de la sienne (Dalloz, *Nouveau Code civil annoté*, article 17, § 121), sous réserve cependant s'il y a lieu, de l'autorisation maritale dont nous faisons provisoirement abstraction, mais dont nous avons déjà exposé les règles (*supra* § 16 et suivants), et sur l'application desquelles du reste nous aurons encore à revenir (*infra* § 27, 65 et suivants).

25. — Les textes qui règlent l'influence du mariage sur la nationalité, c'est-à-dire les articles 12 et 19 du Code civil, étant étrangers à la dénationalisation de la femme au cours du mariage, la laissent donc sous l'empire du droit commun, tel qu'il est formulé par l'article 217, et aux termes duquel, nous l'avons vu (*supra* § 18 et 20), la femme a besoin ou non de l'autorisation maritale pour changer de nationalité au cours du mariage, suivant que la dénationalisation dépend ou non de la volonté expresse de l'intéressé, et conserve par conséquent indépendamment de toute autorisation maritale le bénéfice de l'article 8 § 4, qui est subordonné à la simple inaction du *de cujus*.

26. — Comment la Chancellerie a-t-elle pu, dans ces conditions, dénier à la femme mariée à un étranger le bénéfice de l'article 8 § 4, sous prétexte que la femme mariée ne peut jamais changer de nationalité sans autorisation, d'où il résulte qu'elle est implicitement déchue de tout mode de dénationalisation, qui, comme l'article 8 § 4, exclut la possibilité de l'intervention maritale.

27. — Ce prétendu principe que la femme ne peut jamais changer de nationalité sans le concours de l'autorisation maritale est purement imaginaire ; l'erreur de la Chancellerie provient de la plus regrettable confusion entre le fait et le droit. Il est exact que, d'une part la femme mariée ne peut se faire naturaliser sans l'autorisation de son mari, et cela par application des principes que nous avons posés, puisqu'elle est appelée en pareil cas à manifester sa volonté sous une forme expresse, et que d'autre part, c'est là le mode de dénationalisation le plus usuel. De ce que la femme doit la plupart du temps être assistée de son mari pour changer de nationalité, la Chancellerie en a conclu qu'il en était toujours ainsi, elle a pris le *plerumque fit* pour l'expression d'un principe nécessaire.

28. — La meilleure preuve que la dénationalisation de la femme n'est pas nécessairement subordonnée à l'autorisation maritale, c'est que, sous l'empire du traité de Francfort (1), la femme originaire

---

1. — La nationalité des individus touchés par le traité de Francfort a été réglée tout d'abord par son article 2, qui ne dénationalisait que les originaires domiciliés, et ensuite par l'article 1er de la convention additionnelle du 11 décembre 1871, qui dénationalisant au contraire tous les originaires sans distinction, nous donne le dernier mot du droit sur la question.

d'Alsace-Lorraine a été généralement considérée comme dénationalisée de plein droit, alors même qu'elle était mariée à un non originaire demeuré Français, qui, non seulement n'avait pas été appelé à
concourir à sa dénationalisation, mais n'avait même pu s'y opposer
(Dalloz, *Nouveau Code civil annoté*, article 17, n° 337 et suivants ; Aubry, Rau et Falcimaigne, *Nouveau cours de droit civil*, tome I, p. 466 (1).
Cluzel, *De la nationalité des enfants mineurs d'étrangers*, page 117).

---

1. — Voici en quels termes s'expriment ces estimables auteurs :

« Les règles qui viennent d'être exposées visaient les femmes comme
les hommes, sans qu'il y eût lieu d'ailleurs de distinguer, relativement
aux femmes mariées, entre celles qui avaient épousé des Alsaciens-Lorrains et celles qui s'étaient unies à des Français non astreints à la nécessité de l'option. En conséquence les femmes originaires des territoires
cédés ont dû, pour conserver leur nationalité, opter dans les délais légaux
avec l'autorisation de leurs maris et opérer, le cas échéant, une transla-
tion de domicile. Au contraire les femmes qui n'étaient pas natives d'Alsace-Lorraine se sont trouvées affranchies de ces formalités, alors même
qu'elles auraient été mariées à des Alsaciens-Lorrains soumis personnel-
lement à ces obligations. »

En ce sens, Dalloz, *Nouveau Code civil annoté*, article 17, numéros 337
et suivants.

La femme originaire mariée à un non originaire avait donc été dénationalisée, alors que son mari ne l'avait pas été, tandis qu'au contraire la
femme non originaire mariée à un originaire n'avait pas été touchée,
tandis que son mari l'avait été.

De deux époux originaires et également dénationalisés, la femme seule
a pu valablement opter, tandis que, au contraire, son mari demeurait
allemand par défaut d'option.

Telles sont donc les solutions que la pratique a toujours consacrées
en France comme conséquence de ce principe qu'au cours du mariage la
femme peut acquérir une nationalité distincte de celle de son mari (*supra*
§ 23 et et 24 et les notes).

Les autorités allemandes, partant de ce principe opposé de leur législation que la nationalité de la femme est toujours une dépendance forcée
de celle du mari (Dalloz, *Répertoire*, Droit civil, numéro 363 ; Cogor-
dan, *De la nationalité*, p. 370 ; Weiss, *Nationalité*, p. 619 ; de Folleville, *op. cit.*), décidaient au contraire que la femme n'était atteinte par
le traité qu'autant que son mari l'était lui-même, mais l'était toujours
en pareil cas, en sorte qu'à l'inverse des solutions admises en France, le
traité excluait la femme originaire dont le mari était non originaire, et
atteignait au contraire la femme non originaire dont le mari était originaire.

Soumise à la nécessité de l'autorisation maritale pour la validité de
l'option qui devait la soustraire aux effets du traité, la femme mariée
les avait donc au contraire subis de plein droit et avait pu s'en assurer
définitivement le bénéfice par défaut d'option, indépendamment de toute
autorisation maritale.

Si nous insistons sur un point de droit aussi évident, c'est qu'il est
contesté bien à tort par la Chancellerie à propos l'article 8 § 4, tandis
qu'il ne l'avait jamais été à propos du traité de Francfort, alors que la
raison de décider est la même.

29. — Il y avait là un argument d'analogie absolument péremptoire (Cluzel, *op. cit.*, page 119). Si l'interprétation qu'a reçu le traité de Francfort est en la matière l'expression du droit commun, nul doute que le même droit commun ne soit, dans le silence des textes, applicable à la femme mariée dans le cas de l'article 8 § 4, vu l'analogie des deux situations ; dans les deux cas il s'agit d'une dénationalisation qui s'opère de plein droit par la seule volonté du législateur, quoiqu'elle soit subordonnée pour devenir définitive à la volonté tacite de l'intéressé appelée à se manifester par défaut d'option (1).

30. — Avec une hardiesse vraiment déconcertante, la Chancellerie répond que cette situation résulte pour la femme mariée, sous l'empire du traité, non du droit commun, que l'on aurait dû appliquer dans le silence du texte, mais au contraire d'une clause formelle du traité, qui dérogeant explicitement au droit commun, a ainsi explicitement consacré son existence en sens contraire (2).

---

1. — Que l'option de l'intéressé sous forme de répudiation constitue l'échéance d'une condition résolutoire, dans le cas l'article 8 § 4, c'est ce qui ne saurait plus faire doute depuis l'arrêt précité de la Cour de cassation du 22 avril 1896 (D., 1897.1.95).

Pour le traité de Francfort, la Cour suprême s'est également prononcée dans le même sens, d'une manière implicite mais formelle dans son arrêt du 12 août 1871 (D., 1871.1.365), aux termes duquel « la qualité de français n'avait pu être enlevée aux intéressés le 13 mai, par le traité de paix qui n'a été ratifié que le 20 et n'a été promulgué que le 30 du même mois ».

C'est proclamer implicitement que la qualité de français leur a été enlevée par la promulgation du traité, et non par l'échéance du délai d'option.

Cet arrêt, qui contient la solution d'une question controversée, paraît avoir passé inaperçu pour les commentateurs.

M. Weiss qui ne l'a pas relevé, a encore le mérite de se rencontrer spontanément avec la Cour de cassation qui lui donne raison une fois de plus (Weiss, *Nationalité*, p. 566 et 567).

Mus par des considérations de sentiment, désireux de conserver le plus longtemps possible sous notre allégeance des nationaux qui ne s'en détachaient qu'à regret, certains tribunaux n'ont pas hésité à reculer la dénationalisation jusqu'au terme du délai d'option, argumentant fort mal à propos du mot « conserver » qui exprime, non une condition suspensive, mais les effets de la condition résolutoire une fois accomplie (voir sur cette controverse, Dalloz, *Répertoire, supplément*, Droit civil numéros 333 et 334).

Rien n'est plus déplorable que la sentimentalité dans le domaine du droit, elle finit par faire oublier les principes du sens commun ; est-il admissible que l'État annexant ait entendu conserver sur son territoire pendant un an toute une population étrangère ?

Lors du traité d'annexion du 24 mars 1860, on a considéré les individus touchés par le traité comme immédiatement dénationalisés sous la condition résolutoire de l'option, à telle enseigne que durant les délais de l'option, on les a inscrits sur les listes électorales, ainsi que nous l'avons constaté nous-mêmes aux archives de la préfecture.

2. — L'erreur de la Chancellerie est d'autant plus flagrante que ses suppositions sont contraires non seulement à la vérité, mais même à la vrai-

31. — Malheureusement cet argument retombe de tout son poids sur ceux qui l'invoquent pour les écraser ; les seuls textes relatifs à la dénationalisation des Alsaciens-Lorrains, les articles 2 du traité et 1 de la convention additionnelle du 11 décembre 1871 sont muets sur la condition des femmes mariées, qui n'a pu au contraire être réglée qu'en vertu du droit commun, dont l'interprétation qu'a reçu le traité sur ce point a été purement et simplement l'expression ; M. de Folleville le constate formellement du reste dans les termes suivants : « Lors du traité du 10 mai 1871, la situation des femmes mariées atteintes par le démembrement ne fut pas prévue. Il faut donc la déterminer en s'en référant exclusivement aux principes » (de Folleville, *Naturalisation*, page 425, n° 533).

32. — D'où l'on peut valablement conclure par un argument d'analogie des plus légitimes, que la situation des femmes mariées atteintes par l'article 8 § 4 n'ayant pas été prévue, il faut donc nécessairement la déterminer, en s'en référant exclusivement aux principes qui sont évidemment les mêmes dans les deux cas, vu la similitude des deux situations (*supra* § 29), du moment où la différence que la Chancellerie avait cru devoir établir entre elles était basée sur un fait purement imaginaire, sur une erreur de droit et d'histoire.

Dans ces conditions, il serait superflu d'insister.

33. — C'est également, suivant nous, de la fantaisie pure d'arguer à l'encontre de la dame Squillario, comme le fait la Chancellerie pour lui dénier le bénéfice de l'article 8 § 4, de ce que son mariage avec un étranger aurait effacé l'effet de sa naissance sur le sol français ; voilà donc une déchéance, et une déchéance rétroactive, c'est-à-dire une double dérogation au droit commun, créée par voie d'interprétation ; la meilleure preuve qu'il n'en est rien, que le législateur ne considère nullement comme juridiquement inexistante la naissance sur le sol français de l'épouse de l'étranger, c'est qu'il a édicté une disposition expresse, l'article 8 § 3, pour conférer la qualité de français à son enfant, quand il naît lui aussi sur notre sol. La dépêche ministérielle a emprunté cet argument de sentiment à M. Gérardin dont elle reproduit les propres expressions ; or cet estimable auteur nous semble avoir un peu manqué de logique sur ce point, car, après avoir dénié à l'épouse de l'étranger le bénéfice de l'article 8 § 4, motif pris de ce que les effets de sa naissance en France sont juridiquement effacés par suite de son mariage, il lui accorde néanmoins le bénéfice de l'article 9 § 1, également basé sur le fait de sa naissance en France, qui devait être cependant juridiquement effacé (Gérardin, *De l'acquisition de la qualité de français par voie de déclaration*, pages 97 et 98).

34. — Nous ne nous attarderons pas à réfuter les autres objections de la Chancellerie, qui, tirées des inconvénients pratiques que présen-

---

semblance, et méconnaissent le droit allemand aussi bien que le droit français.

Si l'Allemagne eût entendu nous imposer dans le texte du traité les dispositions de sa législation pour réglementer la condition de la femme mariée, elle nous eût imposé au contraire l'effet collectif de la dénationalisation du chef de famille consacré par sa loi nationale (*supra*, § 28, note).

terait l'application de la loi, sont d'ordre purement législatif. Bornons-nous à faire observer que *la rétroactivité* de l'article 8 § 4 a justement pour effet de faire disparaître ce dualisme de nationalité, qui, pour la Chancellerie, serait la conséquence de l'applicabilité à la femme mariée de l'article 8 § 4, et que, prétendre dénier à l'article 8 § 4 l'effet rétroactif, que lui a au contraire reconnu la Cour de cassation, motif pris « de ce que l'on ne peut aller contre l'évidence des faits », comme la condition n'a jamais d'autre effet, c'est purement et simplement s'arroger le droit de refaire la loi, en biffant de nos codes, d'un trait de plume, toute la théorie de la condition.

35. — Le sieur Squillario, s'étant pourvu devant le tribunal civil de Nice contre la décision ministérielle, en vertu de l'article 9 § 2 du Code civil, fut débouté de ses prétentions par un jugement en date du 19 juin 1907, adjugeant au ministère public le bénéfice de ses conclusions, dont la teneur suit :

Le tribunal ;
Vu la requête qui précède et les pièces à l'appui.
Après avoir entendu M. le juge Niel en son rapport, M. le Procureur de la République en ses conclusions et après en avoir délibéré conformément à la loi ;
Attendu que, si aux termes de l'article 8 § 4 du Code civil, l'individu né en France de parents étrangers est Français, lorsque à l'époque de sa majorité il est domicilié sur le territoire français, sa nationalité française n'est définitivement fixée qu'à sa majorité.
Qu'il doit dès lors être considéré jusqu'à cette date, comme étranger sous condition résolutoire (Aubry et Rau, tome I, page 364, n° II ; Baudry-Lacantinerie et Houque-Fourcade, tome I, page 273, n° 410).
Qu'en conséquence, si un événement quelconque antérieurement à sa majorité, définitivement et conformément aux principes établis par la loi française, lui attribue la nationalité étrangère, il ne saurait à sa majorité prétendre au bénéfice des dispositions de l'article 8 § 4.
Que la dame Martinelli Pauline, épouse Squillario, bien que née en France de parents étrangers et domiciliée à sa majorité sur le territoire français, a le 27 novembre 1890, c'est-à-dire alors qu'elle était âgée de seize ans, contracté mariage avec le sieur Squillario, sujet italien.
Qu'à ce moment, par le fait de son mariage, elle a définitivement acquis au regard de la loi française la nationalité de son mari (article 19, Code civil), et partant n'a pu perdre la nationalité française qu'elle n'avait point encore acquise.
Qu'en l'état son fils ne peut prétendre au bénéfice des dispositions de l'article 10 du Code civil.
Par ces motifs,
Statuant sur la requête : déclare nul et de nul effet la déclaration par lui souscrite devant M. le Juge de paix de Nice le 27 avril 1906, en vue d'assurer à son fils mineur la qualité de Français.
Dit que c'est à bon droit que l'enregistrement de cette déclaration a été refusée par la Chancellerie.
Dépens à la charge du demandeur.

M. Chambor, président ; ministère public, M. Ternier, substitut ; Mᵉ Raymond Hubert, avocat.

36. — La Cour devant écarter les motifs des premiers juges, nous nous bornerons pour toute analyse de cette décision à une double remarque :

Il est inexact que le mariage fixe définitivement la nationalité de la femme (*supra*, § 24).

En fût-il ainsi, que ce ne serait pas là un motif suffisant pour dénier à la femme mariée le bénéfice d'un texte, dont la rétroactivité viendrait justement limiter les effets à une période antérieure au mariage (*infra* §§ 41, 74 et suivants).

37. — Appel ayant été interjeté de cette décision devant la Cour d'Aix, M. l'avocat général Chervet développa à l'audience les conclusions dont la teneur suit :

Attendu que l'acquisition de la qualité de français par le bienfait de la loi ne peut se réaliser qu'autant qu'une disposition législative ou un événement irréparable n'y mettent pas obstacle ; que tel est l'effet du mariage intervenant pendant la minorité de la femme, née en France de parents étrangers ; que les articles 12 et 19 du Code civil, dans le but d'instituer l'unité de statut, édictent des dispositions générales et impératives applicables aussi bien en état de minorité qu'en état de majorité, aussi bien aux personnes dont la nationalité est certaine qu'à celles dont la nationalité est encore indéterminée ; qu'ainsi l'article 19 s'oppose à l'application du paragraphe 4 de l'article 8 du Code civil ; que dès lors il importe peu que le paragraphe 4 ait un effet rétroactif ; que la femme Squillario n'ayant pas acquis la qualité de française avant son mariage, n'a pu l'acquérir ultérieurement par le seul bienfait de la loi ; qu'elle n'a donc jamais été française, et que par suite son fils ne peut se prévaloir des dispositions de l'article 10 du Code civil.

Par ces motifs,

Plaise à la Cour confirmer le jugement dont est appel, dire qu'il sortira son plein et entier effet.

38. — Sur le libre terrain de la discussion juridique, nous ne croyons pas que M. l'avocat général ait mis sa parole éloquente au service des vrais principes ; ce n'est là du reste que notre opinion personnelle, que nous n'avons jamais eu la prétention de donner pour infaillible.

39. — Le seul point sur lequel nous soyons d'accord avec notre distingué contradicteur, c'est que la déchéance d'un droit inscrit dans la loi ne peut résulter que d'une disposition législative, autrement dit d'un texte formel ; il nous semble superflu d'ajouter avec lui, ou d'un événement irréparable, ce deuxième cas rentrant manifestement dans le premier, étant donné qu'un événement irréparable ne peut avoir ce caractère qu'en vertu d'une disposition législative.

40. — Or, aucun texte — et c'est ici que nous nous séparons de M. l'avocat général, — ne confère au mariage un tel caractère.

La meilleure preuve qu'il ne constitue pas un événement irréparable, quant à ses effets sur la nationalité de la femme, c'est que la dénationalisation de l'article 19 lui laisse toute grande ouverte la porte de la réintégration.

41. — Le mariage ne constitue même pas un événement irréparable, en ce sens plus restreint, qui semble mieux correspondre à la pensée de M. l'avocat général, que la femme doit nécessairement partager la nationalité de son conjoint, durant tout le cours du mariage; les articles 12 et 19 du Code civil, nous l'avons vu, tout le monde est aujourd'hui d'accord sur ce point (*supra* § 24), ont eu pour but d'assurer l'unité de statut entre les époux, non pas d'une manière définitive, absolue, comme semble le supposer M. l'avocat général, qui paraît peu au courant du dernier état du droit sur la question, mais au seul moment de la célébration du mariage; les textes précités ne s'opposent nullement à ce que la femme acquière ultérieurement une nationalité distincte de celle de son conjoint; or, s'il en est ainsi, à plus forte raison, semble-t-il, la femme mariée doit-elle pouvoir recueillir le bénéfice d'un événement juridique, comme celui du domicile dans le cas de l'article 8 § 4, qui, rétroagissant, ne doit influer sur sa nationalité que dans le passé, et antérieurement au mariage. On saurait d'autant moins invoquer à l'encontre du demandeur le principe de l'unité de nationalité entre époux que, lui donnât-on une portée absolue que le législateur lui refuse, qu'admît-on même avec le tribunal de Nice (§ 35) que la femme mariée dût partager nécessairement la nationalité de son conjoint durant tout le cours du mariage, il n'y aurait encore là aucun obstacle à ce qu'elle changeât de nationalité antérieurement au mariage.

42. — Sans doute, nous estimons avec le ministère public que l'article 19 est applicable aussi bien à la nationalité « indéterminée » qu'à la nationalité « certaine », ou, pour nous servir de la terminologie plus juridique de la Cour de cassation, à la nationalité conditionnelle, aussi bien qu'à la nationalité pure et simple; mais nous estimons que notre honorable adversaire ne s'en est pas moins complètement mépris sur la portée de ce texte, que loin d'exclure l'application ultérieure de l'article 8 § 4, l'application de l'article 19 n'a pu être au contraire que la conséquence de l'application de l'article 8 § 4, l'application du deuxième texte devenant, à raison de sa rétroactivité, juridiquement antérieure à celle du premier.

43. — L'erreur du ministère public, c'est de prétendre appliquer à un droit conditionnel une déchéance pure et simple, de ne pas remarquer que la déchéance d'un droit conditionnel ne peut être que conditionnelle elle-même, que l'on ne peut perdre que ce que l'on a, qu'en conséquence la dame Squillario n'a pu perdre par son mariage une nationalité qui ne lui appartenait pas encore au moment de sa célébration, qu'autant que par suite d'un événement ultérieur mais rétroactif dans ses effets, elle a été censée avoir été investie de cette nationalité antérieurement au mariage qui l'en a dépouillée, et n'a pu le faire qu'à cette condition. Il est de droit élémentaire que l'on peut disposer d'un droit conditionnel au même titre que d'un droit pur et simple, seulement l'on n'en peut disposer que conditionnellement, car les actes de disposition d'un droit conditionnel participent du caractère conditionnel du droit qu'ils affectent, et deviennent conditionnels au même titre que lui. La dame Squillario a donc pu valablement abdiquer, par le fait de son mariage avec un étranger, la qualité de française, qui ne lui appartenait encore que conditionnellement, mais cette abdication a été forcément conditionnelle comme le droit qui en était l'objet, et subordonnée à l'acquisition antérieure du droit, subordonnée elle-même à l'effet rétroactif de la condition une fois accomplie.

43 *bis*. — La Cour de cassation a du reste parfaitement reconnu que l'article 19 était susceptible d'application conditionnelle, en décidant que la femme française qui épousait un individu encore étranger, mais français sous condition suspensive, était censée, par l'effet de la condition une fois accomplie, n'avoir jamais cessé d'être française (Cassation, 19 décembre 1885, D., 86.1.369).

44. — La Cour, après avoir entendu M⁰ Alfred Jourdan en sa plaidoirie, rendit à la date du 19 décembre 1907 l'arrêt confirmatif dont la teneur suit :

« La Cour ;

« Considérant que, par déclaration souscrite le 28 avril 1906 devant le juge de paix du canton est de Nice, le sieur Squillario (Jules-Pierre-Joseph), sujet italien, né à Piatto (Italie), domicilié à Nice, a revendiqué la qualité de français pour son fils mineur Squillario (Paul-Jules), né à Lausanne (Suisse), le 26 juin 1899 ; que cette revendication se basait sur les dispositions de l'article 10 du Code civil, qui est ainsi conçu : « Tout individu, né en France ou à l'étranger, de parents « dont l'un a perdu la qualité de français, pourra réclamer cette qua- « lité à tout âge, aux conditions fixées par l'article 9, à moins que, « domicilié en France et appelé sous les drapeaux lors de sa majorité, « il n'ait revendiqué la qualité d'étranger » ;

« Considérant que, l'enregistrement de la déclaration faite au nom du mineur Squillario dans les conditions de forme exigées par la loi, ayant été refusé par la Chancellerie, son père s'est pourvu devant le tribunal de Nice, en conformité des dispositions de l'article 9 du Code civil ; que, pour statuer sur le mérite de cette action, il échet donc de rechercher si l'un des parents du mineur Squillario avait perdu la qualité de Français ; que la question ne se pose pas relativement à son père, qui n'a cessé d'appartenir à la nationalité italienne ; mais que le débat porte sur la situation de sa mère, Marie-Pauline Martinetti, et sur l'application qui pourrait lui être faite des dispositions du quatrième paragraphe de l'article 8 du Code civil, qui sont ainsi conçues: « Sont Français... tout individu né en France d'un étranger et qui, à « l'époque de sa majorité, est domicilié en France, à moins que dans « l'année qui suit sa majorité, telle qu'elle est réglée par la loi fran- « çaise, il n'ait décliné la qualité de français... » ;

« Considérant qu'il est établi et d'ailleurs non contesté que Marie-Pauline Martinetti est née à Grasse (Alpes-Maritimes), le 16 mars 1874, et qu'au moment où elle a atteint sa vingt et unième année, elle était domiciliée à Nice (même département) ; qu'il est également certain que, dans l'année qui a suivi sa majorité, elle n'a pas décliné la qualité de française ; qu'il en ressort qu'elle appartiendrait à notre nationalité s'il n'y avait à tenir compte du mariage par elle contracté, au cours de sa minorité, le 29 novembre 1890, avec le sieur Squillario ; que, sans cet événement, elle aurait en effet acquis la nationalité de Française en vertu du quatrième paragraphe de l'article 8 dont l'effet, au jour où la condition suspensive s'accomplit, remonte à l'époque de la naissance ;

« Mais, considérant qu'il est absolument inadmissible que, par le fait intermédiaire de son mariage avec un étranger, la dame Martinetti n'ait pas très volontairement créé un obstacle au fonctionnement du quatrième paragraphe de l'article 8 ; que le contraire est cependant soutenu au nom de l'appelant, dont les prétentions tendraient à faire regarder ce mariage comme un fait en quelque sorte indifférent, impuissant en tout cas à paralyser l'application de ces dispositions légales et leur effet rétroactif ;

« Considérant qu'à cet égard, pour dégager la véritable influence que l'union de la dame Martinetti avec Squillario doit exercer sur la solution du litige, il suffit de constater celle qu'elle aurait eue sur la situation d'une femme française ; qu'à celle-ci serait incontestablement appliqué l'article 19 du Code civil, qui est ainsi conçu dans sa première partie : « La femme française, qui épouse un étranger, suit « la condition de son mari » ;

« Considérant que, si l'union contractée au cours de la minorité avec un étranger anéantit en la personne de la femme française un droit réellement existant (celui en vertu duquel elle est Française de naissance), cette union, dans le même ordre d'idées, atteint plus sûrement encore, par ses effets, un droit qui, au lieu d'être certain et depuis longtemps acquis, serait purement conditionnel ; que tel était bien, en la cause, celui qui donnait à Marie-Pauline Martinetti une simple aptitude à acquérir la nationalité française ;

« Considérant qu'en décidant que ce droit ainsi défini n'a pas survécu au mariage par elle contracté avec un Italien, on n'encourt nullement le reproche de créer, au moyen d'un argument d'analogie, une déchéance nouvelle qui s'ajouterait arbitrairement à celles établies par la loi ; qu'on se borne à faire ainsi un simple rappel à ces déchéances, étudiées dans leurs principes dominants et dans leurs applications les plus nécessaires ;

« Considérant, cela étant établi, qu'il semble désormais assez inutile de suivre dans tous ses développements l'argumentation présentée au nom de l'appelant, et notamment de se préoccuper longuement du point de savoir si c'est irrévocablement que la nationalité italienne de la dame Martinetti a été fixée par le fait de son union avec Squillario ; qu'il n'est pas contesté que, si notre Code exige, en règle générale, qu'au moment du mariage la nationalité du mari soit imposée à la femme, celle-ci puisse ultérieurement obtenir une nationalité différente à l'aide d'une manifestation de sa volonté, mais cela sous la réserve de l'intervention de l'autorité maritale ; qu'on méconnaîtrait gravement ce principe de droit commun en décidant que cette autorité n'a pas à s'exercer en ce qui touche l'option que le paragraphe 4 de l'article 8 offrirait pendant l'année qui suit sa majorité, à une femme ayant précédemment contracté mariage ;

« Considérant qu'en concédant même un instant, comme le soutient l'appelant, que ce changement de nationalité de la femme mariée s'opère dans ce cas de plein droit par la volonté exclusive du législateur et sans aucune intervention de l'autorité maritale, on arriverait à cette singulière constatation que le mari resterait néanmoins maître de parer aux prétendus effets de la loi en transportant temporairement à l'étranger son domicile, et par conséquent celui de sa femme, à la veille de la majorité de celle-ci ;

« Considérant que, pour toutes ces raisons de fait et de droit, il est impossible de reconnaître que la dame Martinetti ait appartenu, à un moment quelconque, à la nationalité française ; qu'elle ne saurait dès lors être considérée comme l'ayant perdue, ce qui ne permet pas à son fils d'invoquer les dispositions de l'article 10 du Code civil ; que c'est à bon droit que l'enregistrement de la déclaration visée au début du présent arrêt a été refusé par la Chancellerie;

« Par ces motifs ;

« Déboutant Squillario (Jules-Pierre-Joseph), agissant comme représentant légal de son fils mineur Paul-Jules de ses fins et conclusions et confirmant le jugement entrepris, déclare nulle et de nul effet la déclaration par lui souscrite le 28 avril 1906 devant le juge de paix du canton est de Nice, en vue d'assurer à son fils la qualité de français; condamne ledit Squillario à l'amende et aux dépens. »

Président, M. Giraud; ministère public, M. Chervet; avocat, M° Alfred Jourdan.

45. — Afin d'apprécier en parfaite connaissance de cause la valeur juridique des objections de la Cour au système du sieur Squillario, il importe de les mettre en regard de ce système que nous allons brièvement exposer à nouveau.

46. — La femme née en France de parents étrangers est Française de naissance, sous la condition suspensive de son domicile en France à l'époque de sa majorité ; l'avénement de la condition doit nécessairement faire d'elle une Française de naissance, dans toute l'acception du terme ; il ne lui confère pas à proprement parler une qualité qu'elle est censée avoir toujours eue; il se borne à révéler, à manifester extérieurement une nationalité, qui pour avoir été latente jusque-là, n'en a pas moins toujours existé : l'événement de la condition est en effet déclaratif d'un droit préexistant et non constitutif d'un droit nouveau. Sans doute l'intéressée n'est Française de naissance que par l'effet d'une fiction, mais cette fiction doit dans la mesure du possible produire tous les effets de la réalité ; or si nous sommes en présence d'une Française de naissance, comme cette Française de naissance a ensuite épousé un étranger, nous sommes donc nécessairement en présence d'une ancienne Française dans les termes de l'article 19 du Code civil, et son enfant né à l'étranger peut revendiquer la qualité de Français en vertu de l'article 10 du Code civil.

47.— Il est de l'essence de la condition, nous l'avons vu (*suprà*, § 43), que le titulaire d'un droit conditionnel puisse en disposer comme d'un droit pur et simple, sauf que ces actes de disposition participent forcément du caractère conditionnel du droit qu'ils affectent : leur validité étant subordonnée à l'existence préalable du droit qui est en suspens. Une Française peut abdiquer sa nationalité d'origine par le fait de son mariage avec un étranger dans les termes de l'article 19 du Code civil ; une Française sous condition suspensive doit donc pouvoir abdiquer également son droit conditionnel, mais cette abdication devient conditionnelle au même titre que la préexistence du droit qui en est l'objet ; l'intéressée n'a pu disposer d'une nationalité qui ne lui appartenait pas encore que pour le cas où par l'effet rétroactif de la condition le droit perdu devrait être censé lui avoir déjà appartenu (1).

---

1. — La Cour nous semble avoir méconnu la portée de la condition sous ce rapport, dans le passage suivant de son arrêt où elle se fait visiblement l'écho des conclusions du ministère public (*supra* § 43).

« Considérant que si l'union contractée au cours de la minorité avec

48. — Encore une fois du reste, par son mariage, l'intéressée n'a donc pu abdiquer que conditionnellement un droit, qui à cette époque ne lui appartenait encore que conditionnellement, la perte du droit était nécessairement subordonnée à son acquisition préalable, qui était elle-même subordonnée à l'événement de la condition.

Loin que l'article 19 crée un obstacle légal à l'application de l'article 8 § 4, c'est au contraire, nous l'avons vu, l'application de l'article 8 § 4 qui rend seule possible l'application de l'article 19, en rendant seule possible l'acquisition préalable du droit qui est la condition *sine qua non* de sa perte ultérieure.

49. — La Cour de cassation a formellement consacré du reste, nous l'avons vu (*supra* § 43 *bis*), l'application conditionnelle de l'article 19, en décidant que la femme française qui épousait un individu encore étranger, mais Français sous condition suspensive, ne devenait elle-même étrangère que sous condition résolutoire, et que par l'événement de la condition qui faisait de son mari un Français de naissance, elle se trouvait avoir épousé non plus un étranger, mais un Français, et n'être jamais tombée sous l'application de l'article 19 (Cass. 29 décembre 1885, D., 1886.1.369).

50. — Si la dénationalisation édictée par l'article 19 peut être affectée d'une condition résolutoire, on ne voit pas pourquoi elle ne pourrait pas l'être d'une condition suspensive.

51. — Telles sont brièvement résumées les prétentions du sieur Squillario, qui ne sont du reste que la conséquence logique de la rétroactivité de l'article 8 § 4, affirmée par la jurisprudence de la Cour de cassation.

52. — La Cour oppose à ce système deux objections :

1° La déchéance encourue par la dame Squillario en vertu de l'article 19 du Code civil ;

2° Son incapacité de femme mariée.

Analysons successivement ces deux objections :

53. — La Cour oppose donc à la dame Squillario la déchéance du bienfait de la loi, qu'elle aurait encourue par le fait de son mariage avec un étranger aux termes de l'article 19 du Code civil.

---

un étranger anéantit en la personne de la femme française un droit réellement existant (celui en vertu duquel elle est française de naissance), cette union dans le même ordre d'idées atteint plus sûrement encore par ses effets un droit qui au lieu d'être certain et depuis longtemps acquis, serait purement conditionnel; que tel était bien en la cause celui qui donnait à Marie-Pauline Martinetti une simple aptitude à acquérir la nationalité française. »

Le langage de la Cour manque complètement de précision juridique ; cette union n'atteint pas plus sûrement le droit conditionnel que le droit pur et simple, elle l'atteint conditionnellement, c'est-à-dire non avec plus de sûreté, mais avec une égale sûreté, au cas où, par l'événement de la condition, il serait devenu pur et simple.

C'est du reste la conséquence de l'erreur que la Cour a commise en prétendant assimiler au point de vue des déchéances, le droit acquis et la vocation légale à l'acquérir.

54. — En vertu de ce texte, la femme française perd sa nationalité en épousant un étranger, à la condition que la loi étrangère lui confère la nationalité de ce dernier, ce qui est du reste le cas de la loi italienne.

55. — La Cour en conclut que la femme encore étrangère, mais investie du droit de devenir Française par le bienfait de la loi, perd également ce droit en épousant un étranger, qu'elle se dépouille de sa vocation légale à la qualité de française, par cela seul qu'elle accomplit un acte qui lui aurait enlevé cette qualité, si elle en avait été déjà investie. La Cour estime, sans doute, que celui qui serait indigne de rester Français, s'il l'était déjà, s'est rendu par là même indigne de le devenir s'il ne l'est pas encore, que les cas de dénationalisation sont en même temps des cas de déchéance de vocation légale, parce qu'ils impliquent de la part de l'agent une égale désaffection pour la France, qui appelle un égal châtiment.

56. — Une extension aussi arbitraire du texte méconnaît tout d'abord ce principe de droit élémentaire que toute déchéance est de droit étroit, et ne saurait même se recommander d'aucune considération d'équité (1).

---

1. — C'est un axiome juridique, en effet, que toute déchéance est de droit étroit, et la Cour en introduit une dans la loi de sa propre autorité ; les magistrats s'en défendent, il est vrai, mais par la plus flagrante des contradictions, que font-ils autre chose que de faire justement ce qu'ils se défendent de faire, quand ils prétendent « ne pas encourir le repro- « che de créer au moyen d'un argument d'analogie une déchéance nou- « velle, qui s'ajouterait arbitrairement à celles établies par la loi, en se « bornant à faire un simple rappel de ces déchéances étudiées dans leurs « principes dominants et leurs applications les plus nécessaires. »

S'inspirer de l'esprit d'une loi pour élargir la sphère d'application du texte, invoquer les cas que le législateur a prévus pour réglementer ceux qu'il n'a pas prévus, sous prétexte que s'il les avait prévus, il les aurait ainsi réglementés, alors que de son silence on pourrait peut-être plus légitimement conclure qu'il a simplement voulu les laisser sous l'empire du droit commun, c'est raisonner par voie d'analogie, ou les mots n'ont plus de sens. Le grand écueil de ce mode d'interprétation, c'est qu'il ouvre toute grande la porte à l'arbitraire ; il expose les magistrats à confondre leur propre esprit avec celui du législateur, à lui prêter leurs vues personnelles, à substituer leur volonté à la sienne. L'arrêt que nous analysons est la vivante démonstration de ce que nous avançons, car à notre avis la Cour s'est mépris non seulement sur la portée du texte, mais sur les motifs qui ont guidé le législateur, en sorte que son interprétation extensive nous semble aussi irrationnelle qu'antijuridique.

La Cour prétend rappeler des déchéances étudiées dans leurs principes dominants, et elle n'oublie qu'une chose pour éclairer sa démonstration, c'est justement de les rappeler.

Ainsi que nous venons de le faire remarquer (*suprà* § 55), ces prétendus principes dominants que la Cour confiante dans notre perspicacité nous laisse le soin de deviner, paraissent découler du raisonnement suivant : la Française ou l'étrangère appelée à devenir française par le bienfait de la loi montre, en épousant un étranger, une égale désaffection vis-à-vis de la France, qui mérite le même châtiment : ce châtiment, ce sera la

57. — En prétendant assimiler, au point de vue des déchéances encourues, le droit acquis à la faculté d'acquérir ultérieurement le droit, la Cour pose implicitement ce principe que la femme qui, encore étrangère, épouse un étranger, est déchue par là même de sa vocation légale à la qualité de française.

58. — S'il en est ainsi, une fille d'ancien Français, déjà mariée à un étranger, est déchue *ipso facto* du bénéfice de l'article 10.

59. — Comment concilier une telle déchéance avec le droit qui est aujourd'hui universellement reconnu à la femme, de changer de nationalité au cours du mariage, même pour acquérir une nationalité distincte de celle de son mari (*supra*, § 24)?

60. — La conclusion qui s'impose avec un tel système, c'est qu'une femme française qui épouse un Français, conservant le droit de devenir étrangère séparément d'avec son mari, conserve, le cas échéant, aux yeux de la loi française, sa vocation légale à la qualité d'étrangère (1), alors qu'au contraire une femme étrangère, qui épouse un étranger, perd par là même ses droits éventuels à la nationalité française ; ainsi le mariage ne rattache définitivement la nationalité de la femme à celle de son mari que lorsqu'il a été contracté entre étran-

---

rupture du lien qui les rattachait d'une manière plus ou moins étroite à leur patrie actuelle ou future.

Si l'article 19 avait réellement ce caractère pénal, qui rationnellement pourrait seul justifier son interprétation extensive, il y aurait là au contraire sur le terrain juridique une raison péremptoire pour la repousser, les déchéances, nous ne saurions trop répéter un principe élémentaire si visiblement méconnu, étant de droit étroit.

Par son arrêt du 26 juillet 1905 (D., 1906.1.26), la Cour de cassation a eu encore l'occasion de rappeler, et justement en matière de nationalité, que la déchéance d'un droit inscrit dans la loi ne peut résulter que d'un texte formel.

L'esprit de la loi ne répugne pas moins que son texte à l'interprétation de la Cour, même sur le terrain de l'équité où les magistrats semblent avoir voulu exclusivement se placer. La dénationalisation de l'article 19 n'a nullement le caractère d'un châtiment, la meilleure preuve qu'il ne s'agit pas de punir la femme d'une sorte de trahison dont son conjoint serait le complice, c'est que le législateur lui ouvre toute grande la porte de la réintégration, en même temps qu'il offre au mari des conditions de naturalisation privilégiées, en réduisant de trois ans à un an la durée du stage qui doit suivre l'admission à domicile, c'est que l'article 8 § 3 confère le qualité de français de naissance à l'enfant issu de cette union que l'on voudrait nous faire considérer comme sacrilège.

L'article 19, on le voit, a pour but, non de punir la femme, mais simplement d'assurer l'unité de nationalité entre époux, au début de l'union conjugale (*supra*, § 24) ; il n'est que le complément et la réciproque de l'article 12, qui naturalise de plein droit l'étrangère qui épouse un Français.

1. — Tel sera le cas de la fille d'un Belge d'origine naturalisé français avant sa naissance, elle est investie aux yeux de la loi belge de la vocation légale de notre ancien article 10 du Code civil, toujours en vigueur chez nos voisins.

gers, le mariage n'est un obstacle à la dénationalisation de la femme que lorsqu'il s'agit d'acquérir la nationalité française, mais non plus de la perdre.

61. — En réalité, ce principe de l'assimilation du droit acquis à la faculté d'acquérir ultérieurement le droit, que ses conséquences seules suffiraient à condamner, est de droit nouveau, et n'a jamais trouvé de partisans. La meilleure preuve, c'est que les filles d'anciens Français qui ont épousé des étrangers revendiquent tous les jours avec succès le bénéfice de l'article 10, et voient leurs déclarations enregistrées sans difficulté à la Chancellerie.

62. — La vérité, c'est que le mariage ne saurait jamais faire obstacle à la dénationalisation ultérieure de la femme, pas plus s'il s'agit d'acquérir la nationalité française que de la perdre.

63. — Ce principe fournit à la femme mariée un argument *à fortiori* dans le cas de l'article 8 § 4.

64. — Si la femme étrangère conserve malgré son mariage avec un étranger, le bénéfice d'une vocation légale comme celle de l'article 10 du Code civil, dont la réalisation viendra lui conférer au cours du mariage une nationalité distincte de celle de son mari, à plus forte raison doit-elle conserver le bénéfice d'une vocation légale comme celle de l'article 8 § 4, dont la réalisation, à raison de ce qu'elle est rétroactive, n'influera sur sa nationalité qu'antérieurement au mariage, en sorte que, fût-il exact que la femme mariée dût toujours continuer de partager la nationalité de son mari, il n'y aurait là, nous l'avons vu (*supra* § 36 et 41), aucun obstacle à ce qu'elle bénéficiât, au cours du mariage, de la réalisation d'une vocation légale, qui ne doit changer sa nationalité que pour une période antérieure.

65. — Dans les lignes qui précèdent, nous avons réservé en matière de dénationalisation la question de l'autorisation maritale ; nous allons maintenant en faire l'objet d'une étude spéciale, et nous |demander si le défaut d'autorisation maritale constituait pour la dame Squillario un obstacle légal au bénéfice de l'article 8 § 4, et entraînait pour elle la déchéance de son droit?

66. — La Cour le prétend, et nous abordons ainsi l'examen de la deuxième objection qu'elle nous oppose.

67. — Si nous avons formulé les vrais principes, en ce qui concerne l'incapacité de la femme mariée, la négative s'impose ; l'incapacité de la femme mariée, nous croyons l'avoir établi (*supra* § 17), est exclusivement restreinte aux manifestations expresses de volonté ; l'autorisation maritale, n'étant jamais que le complément de la volonté expresse de la femme, n'a pas à intervenir là où cette volonté n'est pas préalablement intervenue elle-même ; la femme mariée a donc capacité pleine et entière pour devenir au cours du mariage, et en dehors de toute autorisation maritale, le sujet actif ou passif de tout droit qui se forme en dehors de la volonté expresse du *de cujus*. Tel est bien le cas de l'article 8 § 4 ; il s'agit d'un droit conféré à l'intéressé en dehors de sa volonté expresse, cela suffit pour qu'il doive l'être à la femme en dehors de l'autorisation maritale, sans qu'il y ait intérêt au point de vue qui nous occupe à délimiter exactement le rôle respectif qu'ont pu jouer, pour l'acquisition du droit ou pour sa conservation, soit la volonté exclusive du législateur, soit la volonté tacite de l'intéressé, puisque ces deux facteurs excluent également la nécessité de l'autorisation maritale, qui encore une fois n'est appelée à intervenir qu'en cas de manifestation expresse de volonté (1).

---

1. — Aussi une étude plus approfondie du sujet nous a démontré qu'il était absolument superflu de chercher à délimiter exactement le rôle respectif de ces deux facteurs dans l'application de l'article 8 § 4, ainsi que nous avons essayé de le faire au cours des débats dans nos mémoires et plaidoiries.

Du moment où le droit est conféré en principe à l'intéressé en dehors de sa volonté expresse, il est conféré de plein droit à la femme en dehors de toute autorisation maritale, quelle que soit la cause génératrice, inaction où volonté tacite du *de cujus*, volonté exclusive du législateur ou fait d'autrui.

Comme exemple d'événements susceptibles de venir, au cours du mariage, changer rétroactivement la nationalité de la femme pour la période comprise entre la naissance et le mariage, et indépendamment de toute autorisation maritale parce qu'indépendamment de sa volonté expresse, on peut déjà citer sous l'empire du Code civil, la reconnaissance de l'enfant naturel intervenue après son mariage.

Sous l'empire du Code civil, ne l'oublions pas (Cass. req., 15 juillet 1840, Dalloz, *Répertoire*, Droits civils, n° 495) la nationalité de l'enfant naturel dépendait exclusivement de celle de son père ; voilà donc une femme née en France et reconnue tout d'abord par une mère étrangère, elle épouse un étranger et elle est ensuite reconnue par un père français, elle devient rétroactivement française de naissance, mais seulement depuis sa naissance jusqu'à son mariage.

Il importe de remarquer que le nouvel article 8 § 1 du Code civil a apporté une double dérogation aux anciens principes en la matière.

1° La reconnaissance n'influe plus sur la nationalité de l'enfant naturel qu'autant qu'elle intervient durant le cours de sa minorité ; 2° l'enfant naturel suit définitivement en principe la nationalité de l'auteur de la première reconnaissance.

Sous l'empire de la législation actuelle, une reconnaissance pourra encore modifier la nationalité d'une fille naturelle, déjà mariée, mais seulement pour la période comprise entre sa naissance et son mariage, lorsque par exemple l'intéressée née en France de parents inconnus, et Française par conséquent, aux termes du nouvel article 8 § 2, aura été reconnue par un étranger après son mariage, mais en cours de minorité.

La promulgation de la loi du 7 février 1851 a pu venir également changer rétroactivement la nationalité de la femme indépendamment de sa volonté expresse et partant de l'autorisation maritale.

Aux termes d'une interprétation constante, (en ce sens Weiss, *Nationalité*, page 193), cette loi a été toujours considérée comme applicable, de plein droit, à tous les intéressés mineurs à l'époque de sa promulgation ; d'étrangers, qu'ils avaient été jusque-là, elle en a fait rétroactivement des Français de naissance : la nationalité des femmes mineures déjà mariées a donc été rétroactivement changée pour la période comprise entre la naissance et le mariage ; la fille mineure d'un étranger, né lui-même en France, déjà mariée à un étranger lors de la promulgation de la loi du 7 février 1851, est donc censée avoir été Française de naissance, et avoir été ensuite dénationalisée de par l'article 19 du Code civil, sous bénéfice

68. — La Cour refuse cependant à la dame Squillario le bénéfice de l'article 8 § 4, parce que la femme mariée ne peut jamais changer de nationalité sans autorisation maritale.

69. — Sur le libre terrain de la discussion juridique, nous adressons au système de la Cour le même reproche qu'à celui du tribunal (*supra* § 36); nous estimons que non seulement la Cour pose un faux principe, mais qu'elle l'applique encore à une situation qui lui est étrangère, en sorte que son système pèche autant au point de vue de la logique que du droit ; nous sommes donc en présence de la fausse application d'un principe faux en lui-même.

70. — Nous croyons avoir déjà démontré la fausseté intrinsèque d'un principe que la Cour emprunte à la dépêche ministérielle (*supra* § 26 et suivants) ; affirmer que la femme mariée ne peut jamais changer de nationalité sans autorisation maritale, c'est, avons-nous dit, confondre le fait avec le droit, prendre la condition habituelle de l'exercice du droit pour une condition nécessaire ; en matière de dénationalisation, nous croyons l'avoir prouvé (*supra* § 20), la capacité de la femme mariée est purement et simplement régie par le droit commun, aux termes duquel l'acquisition d'un droit est subordonnée ou non pour la femme à l'autorisation maritale suivant que cette acquisition dépend ou non de sa volonté expresse.

71. — Voilà pourquoi, ainsi que nous l'avons déjà fait observer (*supra* § 27), l'autorisation maritale est nécessaire en matière de naturalisation ; voilà pourquoi elle ne l'est plus du moment où il s'agit, comme dans le cas du traité de Francfort, d'une dénationalisation subordonnée à la volonté tacite du *de cujus* (*supra* § 28) ; voilà pourquoi elle ne l'aurait pas été non plus dans le cas de l'article 8 § 4, en admettant même avec la Chancellerie la non rétroactivité du texte précité, hypothèse dans laquelle son application à la femme mariée eût entraîné forcément pour elle un changement de nationalité actuel au cours du mariage (*supra* § 10).

---

cependant d'un droit de répudiation à la majorité, dont l'exercice n'aura pu avoir pour effet que de l'investir à nouveau de la qualité d'étrangère antérieurement à son mariage, mais qui, consistant en une manifestation expresse de volonté de la part de la femme, aura été subordonné au contraire à la nécessité de l'autorisation maritale.

Remarquons que l'effet rétroactif de l'article 8 § 4 a justement pour effet de faire rétroactivement du fils de l'étranger né en France et y domicilié à l'époque de sa majorité un Français de naissance, dans les conditions où il l'était déjà sous l'empire de la loi de 1851, lorsque l'un ou l'autre de ses auteurs y était né comme lui.

Le bénéfice de l'article 8 § 4 entraîne donc pour la femme déjà mariée une dénationalisation pour la période comprise entre la naissance et son mariage, analogue à celle qui avait déjà été pour elle la conséquence de la promulgation de la loi de 1851, avec cette seule différence que, dans le cas de l'article 8 § 4, elle se trouve investie de la qualité de Française en même temps que du droit de la répudier, tandis que, par suite de la promulgation de la loi de 1851, elle ne s'était trouvée investie de ces deux droits que successivement.

72. — A supposer maintenant que la femme ne pût jamais changer de nationalité au cours du mariage sans autorisation maritale, et qu'en l'affirmant, la Cour eût posé un principe exact, elle en aurait fait en la matière la plus fausse application.

73. — La Cour, tout comme le tribunal du reste (*supra* § 36), nous semble oublier le caractère rétroactif de l'article 8 § 4, à raison duquel son application à la femme mariée ne saurait entraîner pour elle de dénationalisation au cours du mariage. Qu'importe à quelles conditions la femme peut changer de nationalité, au cours du mariage, quand la question ne se pose pas, étant donné que nous sommes en présence d'un texte dont l'application ne saurait entraîner un tel résultat, puisque, à supposer que le mariage n'y fît pas obstacle, ses effets seraient en tout cas forcément limités à une période antérieure.

74. — Le principe posé par la Cour, le principe de l'impossibilité pour la femme de changer de nationalité au cours du mariage, indépendamment de l'autorisation maritale, ce principe fût-il exact en lui-même, que la rétroactivité de l'article 8 § 4 viendrait justement paralyser son application.

75. — Encore une fois, la Cour eût-elle été fondée en droit à soutenir que la femme ne peut jamais changer de nationalité au cours du mariage sans autorisation maritale, qu'il n'y aurait eu là aucun obstacle à ce qu'elle recueillît au cours du mariage le bénéfice d'une vocation légale qui ne pouvait changer sa nationalité que dans le passé et antérieurement au mariage.

76. — A supposer donc que la capacité de la femme pour changer de nationalité au cours du mariage eût été réellement soumise à des règles exorbitantes du droit commun, comme l'admettent le tribunal et la Cour, qui du reste n'ont pas su se mettre d'accord sur leur portée, en sorte que la femme mariée eût été incapable de changer de nationalité, soit d'une manière absolue, comme le voulait le tribunal, soit sans autorisation maritale, comme le voulait la Cour, il est certain que la *rétroactivité* de l'article 8 § 4 aurait eu une grande portée pratique au point de vue de la capacité à exiger de la femme pour en bénéficier; qu'en enlevant à l'application de ce texte le caractère d'un véritable changement de nationalité au cours du mariage, *la rétroactivité* eût écarté les règles spéciales à la capacité de la femme en la matière, pour en revenir purement et simplement au droit commun, qui en principe, nous l'avons vu (*supra* § 16 et 17), n'exige l'autorisation maritale que pour la manifestation expresse de la volonté de la femme.

77. — Nous l'avons démontré au contraire, la capacité de la femme mariée pour changer de nationalité au cours du mariage, est soumise au droit commun: il en résulte que *la rétroactivité* de l'article 8 § 4, en enlevant à ce texte pour la femme mariée le caractère d'un véritable changement de nationalité au cours du mariage, est absolument indifférent au point de vue de la capacité de la femme, et ne fait que la laisser sous l'empire du même droit commun qui l'eût régie dans l'hypothèse de la *non rétroactivité* de l'article 8 § 4 comme dans celle de *la rétroactivité*, que par conséquent l'application de ce texte entraîne ou non pour la femme mariée un changement de nationalité actuel au cours du mariage, le bénéfice du texte précité échappe également pour elle à la nécessité de l'autorisation maritale conformément au droit commun, parce qu'il s'agit là d'un droit dont l'acquisition est indépendante de toute manifestation expresse de la volonté de l'intéressé.

78. — Nous ne saurions trop insister sur une matière aussi délicate, quitte même à nous répéter, la rétroactivité de l'article 8 § 4 est donc sans influence aucune sur la capacité de la femme mariée à en bénéficier ; cette capacité dépend non des effets du droit une fois réalisés, qui sont indifférents au point de vue qui nous occupe, mais des conditions de sa réalisation; le droit est ici conféré à la femme par suite d'un fait juridique, qui se produit il est vrai au cours du mariage, quoique ses effets doivent être reportés à une époque antérieure ; la seule question qui se pose au point de vue qui nous occupe est celle de savoir si ce fait juridique constitue ou non de la part de la femme mariée une manifestation expresse de volonté ; en répondant à cette question, nous aurons répondu à celle de savoir si l'autorisation maritale est ou non nécessaire ; or, quoique subordonnée à un événement qui se produit au cours du mariage, l'application de l'article 8 § 4 à la femme mariée n'en est pas moins indépendante de sa volonté expresse, elle l'est donc en même temps de l'autorisation maritale. S'agit-il au contraire pour la femme mariée de bénéficier, même seulement pour une période antérieure au mariage, d'un droit dont l'acquisition est subordonnée pour elle à une manifestation de volonté expresse au cours du mariage, s'agit-il par exemple pour elle d'exercer la faculté de répudiation prévue par l'article 8 § 4 *in fine* (1) : eh bien, l'autorisation maritale est nécessaire à raison de ce qu'elle est, nous l'avons vu, le complément indispensable de toute manifestation expresse de volonté de la part de la femme (2).

---

1. — Voilà pourquoi, malgré son effet rétroactif (*supra* § 6), qui en limitait les effets à la période comprise entre la naissance et le mariage, la déclaration souscrite par la femme mariée en vertu de l'ancien article 9 du Code civil eût été subordonnée à la nécessité de l'autorisation maritale.

Remarquons que sous l'empire du Code civil, il eût fallu que la dame Squillario eût souscrit cette déclaration, qui l'eût investie rétroactivement de la qualité de Française entre sa naissance et son mariage, pour que son fils eût été fondé à invoquer le bénéfice de l'article 10, et à l'époque seulement de sa majorité, le droit pour le père de disposer de la nationalité de son enfant mineur étant une innovation du législateur de 1889.

2. — La Cour déclare « qu'on méconnaîtrait gravement ce principe de droit commun (le principe de l'autorité maritale) en décidant que cette autorité n'a pas à s'exercer en ce qui touche l'option que le paragraphe 4 de l'article 8 offrirait pendant l'année qui suit sa majorité à une femme ayant précédemment contracté mariage. »

La Cour formule ici à l'encontre du système du sieur Squillario un grief absolument immérité, dont il nous sera facile de faire justice.

Qu'il nous suffise de faire remarquer que la Cour confond ici ce que le sieur Squillario avait au contraire soigneusement distingué, d'une part l'option tacite de l'article 8 § 4 qui confère à la femme mariée la nationalité française, indépendamment de l'autorisation maritale, parce qu'il la lui confère indépendamment de sa volonté expresse, et, d'autre part, l'option expresse, par laquelle s'exerce le droit de répudiation prévu par le même article *in fine*, qui consiste au contraire en une manifestation de

79. — Avant de terminer, nous voulons résumer notre système en deux mots, afin de laisser le lecteur sous une impression d'ensemble :

80. — *Par son mariage contracté avec un étranger en cours de minorité, la dame Squillario, née en France de parents étrangers, a perdu en vertu de l'article 19 la qualité de française, qui ne lui appartenait encore que conditionnellement, parce qu'elle s'est trouvée ensuite en avoir été investie antérieurement à son mariage, par l'effet rétroactif de la condition accomplie, qui a rendu le droit pur et simple dès l'origine.*

81. — *La femme encore étrangère, qui épouse un étranger, ne saurait perdre par là, en l'absence d'un texte formel, sa vocation légale à la qualité de française ; prétendre la faire tomber sous l'application de l'article 19, qui vise exclusivement le cas d'une femme déjà Française qui épouse un étranger, c'est oublier que les déchéances sont de droit étroit.*

82. — *La déchéance de l'article 19 est donc exclusivement applicable à la nationalité française déjà acquise, et non à la vocation légale à l'acquérir ultérieurement, loin que l'article 19 soit un obstacle à l'application de l'article 8 § 4, c'est au contraire l'application de l'article 8 § 4, qui, à raison de sa rétroactivité, peut seule entraîner l'application de l'article 19 à la femme mariée, en l'investissant antérieurement à son mariage, d'une nationalité qu'elle n'a pu perdre ensuite par le fait de son mariage, qu'à la condition de l'avoir possédée au moment de sa célébration.*

83. — *La dame Squillario ne saurait être exclue non plus du bénéfice de l'article 8 § 4, à raison de son incapacité de femme mariée, parce qu'il s'agit pour elle d'acquérir un droit que la loi lui confère en dehors de sa volonté expresse, alors qu'aux termes de l'article 217, l'incapacité de la femme mariée est exclusivement restreinte aux manifestations expresses de sa volonté.*

84. — *Si donc la femme Squillario a bénéficié de l'article 8 § 4, dans des conditions qui lui aient fait perdre ensuite, en vertu de l'article 19, la nationalité française ainsi acquise rétroactivement, son fils peut se prévaloir à bon droit des dispositions de l'article 10 du Code civil.*

85. — Sur le libre terrain de la discussion juridique, où nous ignorons les personnes pour ne connaître que les principes, nous estimons que, pour refuser à la dame Squillario le bénéfice de l'article 8 § 4,

---

volonté formelle et constituant dès lors un acte juridique dans toute la force du terme, est par là même subordonnée à la nécessité de l'autorisation maritale; ainsi qu'en fait foi sa requête ampliative d'appel (n° 36), le sieur Squillario avait eu soin justement de reconnaître la nécessité de l'autorisation maritale dans ce dernier cas.

Il n'y avait là, du reste, que l'application des principes du droit commun qui régissent l'incapacité de la femme mariée, tels que nous les avons formulés plus haut (*supra* § 16 et 17).

Il est à peine besoin de faire remarquer que c'est là une question purement théorique, et qu'une telle répudiation dénuée de toute conséquence sur la nationalité actuelle de la femme présente trop peu d'intérêt pour intervenir jamais en pratique.

la Cour s'est basée sur une fausse interprétation des articles 19 et 217 du Code civil.

86. — En nous permettant de soutenir une thèse différente de celle que les magistrats ont adoptée, nous croyons d'autant moins leur manquer de respect que, si nous leur refusons le privilège de l'infaillibilité, nous sommes bien loin de le revendiquer pour nous-même, nous ne nous prétendons ni plus savant ni plus intelligent qu'aucun de ceux qui ont condamné nos théories, nous serions mauvais juge en notre propre cause ; au lecteur, maintenant, à décider si nous avons essayé de plier arbitrairement les textes au gré des intérêts de notre client, ou si nous avons été au contraire l'interprète des vrais principes ; s'il estime que nous nous sommes trompé, nous espérons qu'il nous accordera tout au moins le bénéfice des circonstances atténuantes pour avoir partagé l'erreur de M. Weiss (*Nationalité*, page 174), le savant auteur dont la Cour de cassation a tant de fois consacré la doctrine, et que de ce chef il voudra bien gratifier de quelque indulgence le courage malheureux (1).

---

1. — Sur la rétroactivité de l'article 8 § 4, cf. cassation 24 juillet 1899 (D., 1901. 1. 547), et Weiss, *Nationalité*, page 174.
Sur l'illégalité du décret réglementaire du 13 août 1889, cf. cassation 26 juillet 1905 (D., 1906. I. 25), et Weiss, *Nationalité*, page 171.

EN VENTE

AUX BUREAUX DES LOIS NOUVELLES

Vins artificiels. — Loi du 5 avril 1897, par M. Vallat, avocat près la Cour d'appel de Montpellier. — 1 vol. br. prix
1 fr. 50

Boissons (régime des). — Commentaire de la loi du 29 décembre 1900, par E. Schaffhauser. — 1 vol. br. prix. . 1 fr. 50

Warrants agricoles. — Commentaire de la loi du 18 juillet 1898 sur les Warrants agricoles, par Victor Emion, juge de paix à Paris. — 1 vol. br. prix. . . . . 1 fr. 50

Frais (recouvrement des). — Dus aux notaires, avoués et huissiers. Commentaire de la loi du 24 décembre 1897, par L. Legrand, avoué honoraire, président de la conférence des avoués de 1re instance des départements.—1 vol. br. prix. 1fr.50

Contributions indirectes. — Traité de jurisprudence générale en matière de contributions indirectes, par A. Bertrand, directeur des contributions indirectes et P. Deschamps, commis principal à la direction générale des contributions indirectes. — 2 forts vol. br. prix. . . . . 6 fr.

Code Rural. — Commentaires de la loi du 8 avril 1898 sur le régime des eaux et de la loi du 21 juin 1898 sur la police administrative, par Georges Graux, avocat, député du Pas-de-Calais, et C. Renard, docteur en droit. — 1 vol. br. prix . . . . . 5 fr.

Douanes. — Le nouveau tarif des douanes. —Commentaire de la loi du 11 janvier 1892, par L. Dejamme, auditeur du conseil d'Etat. — 1 vol. br., prix. . . . . 3 fr. 50

Droit commercial. — Manuel de droit commercial, contenant l'exposé des règles générales et la solution des questions pratiques en matière commerciale, par Emile Schaffhauser, docteur en droit, directeur des *Lois Nouvelles*. — 1 vol. in-18, br. prix 3 fr. 50

Le Commentaire des tarifs en matière civile, concernant les avoués, greffiers, huissiers, notaires, commissaires-priseurs, etc., par O. Raviart, avoué honoraire, vice-président de la Conférence des avoués de 1re instance des départements. — 1 vol. in-8, broché, prix . . . . 8 fr.

Le Régime légal des distributions d'énergie électrique en France. — Commentaire de la loi du 15 juin 1906, par E. Lémonon, avocat à la cour de Paris. — 1 vol. br. prix. . 2 fr. 50

Le Repos hebdomadaire. — Commentaire de la loi du 13 juillet 1906, par Edmond Mesnard, conseiller à la cour d'Amiens. — 1 vol. br. prix. . . . . 2 fr. 50

Mayenne, Imprimerie Ch. COLIN.

9 782019 272555